簡単なのに、こんなにかわいい

魔法の
絞り出しクッキー

* * *

信太康代

みんなを笑顔にする、絞り出しクッキーの魔法

お菓子とお料理のサロン「イグレック・シダ」では、
スイスやフランスで学んだ経験を活かしつつ、
伝統の技の中に、新しい風を吹き込んでいます。

これまで数多くのお菓子を創作してきましたが、
なかでも絞り出しクッキーには、特別な思い入れがあります。
お菓子作りの中では「絞る」という技が、とても重要だからです。
ケーキなら生クリームを使って、絞り出しクッキーなら生地を使って。
どちらもデコレーションのセンスが問われる技です。

本書でも、一番気を使ったのは「絞る」ということです。
それぞれの口金の特徴を活かせるように、
生地のやわらかさの調整を繰り返し、
エッジの立ったクッキーを焼き上げるための工夫をしています。

ほっとひと息ティータイムに、一日の終わりにお酒を楽しみながら、
手作りのクッキーがあれば、特別なひとときが過ごせます。
バレンタインデー、ホワイトデー、クリスマスには、
おしゃれなBOXに詰めて、プレゼントしてもいいでしょう。
絞り出しクッキーは、身近にある材料を使って焼くだけですが、
子どもから大人まで笑顔にする「魔法の力」があります。

イグレック・シダ主宰　信太康代

もくじ

みんなを笑顔にする、絞り出しクッキーの魔法	2
絞り出しクッキーの魅力	6
効果的な見せ方のいろいろ	8

INTRO
絞り出しクッキーの基本

基本の道具	10
口金の種類	11
絞り出しクッキーの材料	12
基本の生地の作り方・絞り方・焼き方	14
ココア味、ストロベリー味、抹茶味の材料と作り方	16
コーティング&トッピングの方法	17
絞り方のバリエーション	18
column クッキーの保存法	20

PART 1
ティータイムを彩るクッキー

シェル	22
2色のチョコがけ	24
紅茶味のウェーブ	26
馬蹄形	28
数字&アルファベット	30
リボン	32
マカロン風	34
デュシェス	36
ラングドシャ	38
ココナッツ&メープル	40
ジャム&チョコのせ	42
プレッツェル風	44
column ラッピングのアイデア	46

PART 2
かわいいお花のクッキー

ローズ	48
桜	50
小さい花	52
ひまわり	54
ガーベラ	56

column プレゼント用のBOX　58

PART 3
お酒にも合うクッキー

チーズバトン	60
ローズマリー&タイム	62
スパイシーカレー	64
めんたいこ	66
紫いも&黒ごま	68
ほうれん草&白ごま	70
レモンジンジャー	72

column お酒とのマリアージュ　74

PART 4
楽しいイベントのクッキー

バレンタインデー&ホワイトデー
ハート	76
花かご	78
キスチョコ風	80

ハロウィン
かぼちゃ	82
おばけ	84

クリスマス
かわいいツリー	86
立体のツリー	88
クマちゃん&ステッキ	90
クリスマスリース	92

生地を絞るときの型紙　94

絞り出しクッキーの魅力

いろいろな口金を使って、
絵を描くように、
楽しみながら作りましょう。

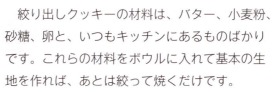

1 シンプルな材料なのにアレンジは無限大

　絞り出しクッキーの材料は、バター、小麦粉、砂糖、卵と、いつもキッチンにあるものばかりです。これらの材料をボウルに入れて基本の生地を作れば、あとは絞って焼くだけです。

　アレンジをしたければ、カラフルな果物や野菜のフリーズドライパウダーを生地に混ぜたり、アラザンなどのトッピングをすれば、誰でもおしゃれなクッキーを作ることができます。

2 口金から絞るだけで大きさも形も自由自在

　絞り出しクッキーの口金は、まるで魔法の道具。丸、星、片目、桜、木の葉、バラなどがあり、絞るだけでいろいろな形になります。

　さらに、同じ口金でも、絞り方によって、棒、丸、点、のの字などを描くことも簡単にできます。

　大きさも、ダイナミックなものから、小さくてかわいいものまで、フリーハンドで好きなように描けます。

3 ほろりと軽い食感子どもや年配の方にも

　絞り出しクッキーは、型抜きクッキーやアイスボックスクッキーと違って、やわらかい生地で作るため、軽い食感が最大の魅力です。

　スッと口の中で溶けて、心までほぐれていく感じがします。それが、子どもや年配の方にも人気の理由です。

効果的な見せ方のいろいろ

絞り方を変えたり、生地を2色使いにするだけでも、おしゃれな演出が。
重ねたり組み合わせたりすれば、新しい絞り出しクッキーの世界が広がります。

ねじる
絞りながらねじると、かわいい形が簡単にできる。
小さい花 ➡p.52

2色使い＋丸める
ピンクとプレーンの2色使いの生地を、丸く絞る。色にニュアンスが生まれ、素敵なローズの形になる。
ローズ ➡p.48

波を描く
口金をらせんを描くように絞っていくと、エレガントな波の形ができる。
ウェーブ ➡p.26

重ねる
大きさの異なるクッキーを焼いて重ねると、立体的なツリーが完成！ 星形のトッピングシュガーがクリスマス気分をプラス。
立体のツリー ➡p.88

特別な口金を使う
「サルタン口金」という特別な口金を使えば、お花の形が簡単にできる。
ひまわり ➡p.54

組み合わせる
花かごをベースに、まわりに小さい花を散らすと、素敵な花かごができる。
花かご ➡p.78
小さい花 ➡p.52

INTRO

絞り出しクッキーの基本

基本の道具

絞り出しクッキーを作るときの、基本の道具です。
ボウルやざる、ホイッパーなど、キッチンにあるもので十分にできます。

ボウル

クッキーの生地を作るときに使う。ステンレスでも、ガラスのボウルでもいい。

ざる

薄力粉をふるうときに使う。ボウルよりひと回り小さいものを選ぶ。

ホイッパー

バターなどを混ぜるときに使う。

ゴムべら

薄力粉を入れた後、生地をさっくり混ぜるときに使う。ボウルのまわりについた生地をまとめるのにも便利。

オーブンシート

オーブンの天板の上に敷く。絞った生地が、天板にくっつくのを防いでくれる。

絞り袋

生地を入れて、絞るときに使う。透明なものが中身が見えて使いやすい。使い捨てのものが衛生的でよい。

スケッパー

絞り袋に生地を入れた後、スケッパーで生地を口金に寄せると、生地を無駄なく使うことができる。

ピンセット

トッピングをつまんでクッキーの上に飾るなど、細かい作業をするときに使う。

口金の種類

口金は大きく分けて「丸、星、片目」の3種類があり、サイズはいろいろです。
本書を参考に、作りたいクッキーに合わせて、口金を選びましょう。

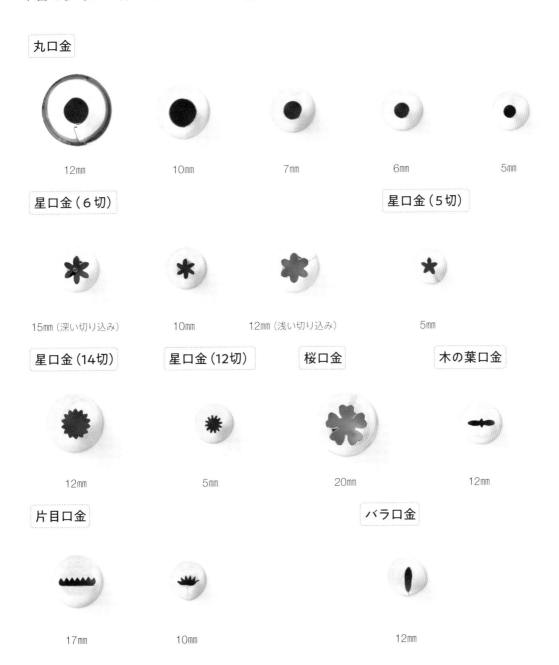

絞り出しクッキーの材料

クッキーの生地を作るための「基本の材料」と、
素敵な演出をするための「デコレーションの材料」を紹介します。

基本の材料　絞り出しクッキーの基本の生地を作るための材料です。

薄力粉

グルテンが少ない薄力粉はさっくり、ほろほろの食感になる。

強力粉

グルテンが多い強力粉を使うと、カリッとしてしっかりした食感になる。

無塩バター

お菓子づくりには、食塩不使用のバターを使う。

粉糖

グラニュー糖を粉砕した粒子が細かい、純白の砂糖。クッキー生地の表面が滑らかになり、口溶けがよくなる。

グラニュー糖

サトウキビやテンサイ（ビート）が原料の純度の高い白砂糖で、スッキリとした上品な甘さ。

てんさい糖

テンサイ（ビート）が原料。自然なやさしい甘さで、オリゴ糖を多く含む。

メープルシュガー

サトウカエデの樹液を煮つめて作ったものが原料。独特の風味がある。

三温糖

サトウキビが原料で、カラメルの風味と、強い甘みがある。

きび砂糖

サトウキビの風味が強く、独特のコクがある。完全に精製していないのでミネラル分が豊富。

ブラウンシュガー

サトウキビの精製度が低く、素朴な風味と甘みがある。

※色のついている砂糖を総称して、ブラウンシュガーという場合があります。

卵白
鶏卵を黄身と白身に分け、白身だけを溶いて使う。

バニラエッセンス
生地にバニラの風味がつく。バニラオイルやバニラビーンズペーストを使ってもよい。

塩
精製塩や天然塩を使う。天然塩を使うなら、シャープな塩気の岩塩がおすすめ。

アーモンドプードル
アーモンドを粉状にしたもの。生地にコクを与える。

フリーズドライパウダー
果物や野菜のパウダー。生地に風味を加えたり、カラフルに色づけするためのものです。

その他

| ストロベリーパウダー | ほうれん草パウダー | 紫いもパウダー | かぼちゃパウダー | しょうがパウダー | ココアパウダー（無糖） |

■ デコレーションの材料
チョコレートでコーティングしたり、トッピングする材料です。

コーティング用チョコレート
チョコレートをコーティングするときは、テンパリング不要のチョコレートを使います。

| スイートチョコレート | ホワイトチョコレート | ストロベリーチョコレート |

トッピング
クッキーが焼き上がったあと、トッピングして彩りとアクセントを。このほかにも、ナッツやごまなども使います。

その他
プラリネチョコクリームを作るときに使います。

| ピンクペッパー | キャラメルクランチ | アラザン（シルバー） | アラザン（ピンク） | アーモンドプラリネペースト |

基本の生地の作り方・絞り方・焼き方

バターの風味豊かな、ほろりと口溶けのよいクッキー生地です。
ここではバニラ生地を紹介します。

バニラ生地

材料

無塩バター …… 75g
粉糖 …… 30g
塩 …… ひとつまみ※1
卵白 …… 大さじ1（12.5g）
バニラエッセンス …… 4〜5滴
薄力粉 …… 90g

準備

★ 無塩バターは室温に戻してやわらかくする。
★ 粉糖、薄力粉はそれぞれふるう。
★ オーブンは170℃に予熱する。

※1　ひとつまみ（0.5g）は親指・人さし指・中指の3本の指先でつまんだ量。小さじ約1/5〜1/4程度。

生地を作る

1 室温に戻してやわらかくしたバターをホイッパーでクリーム状になるまで練る。※2

2 ふるった粉糖、塩を加え、ホイッパーで混ぜる。

3 卵白とバニラエッセンスを加えて、ホイッパーで混ぜる。

4 ふるった薄力粉を加える。

5 ゴムべらで、粉っぽさがなくなるまで、さっくり混ぜる。※3

※2　急ぐときは、電子レンジ（600W）に、様子を見ながら10〜20秒かける。指で押してみて、スッと指が入る固さがベストです。

※3　薄力粉を加えてから生地を混ぜるとき、必ずゴムべらを使いましょう。ホイッパーでぐるぐる混ぜると、絞り出しクッキーの形がきれいに出ません。

生地を絞る

1 絞り袋の先をハサミで切り、口金を入れる。口金の近くで、絞り袋をひねる。

2 口金に、ひねった絞り袋を押し込む。

3 生地をゴムべらで絞り袋に入れる。

4 絞り袋を台の上に置き、スケッパーで生地を口金のほうに寄せる。

5 絞り袋の上部を握り、オーブンシートを敷いた天板に、口金の先をつける。※4

6 絞り袋から生地を絞り、口金を生地から離す。

※4 オーブンシートは、1カ所だけクリップなどで止めておくと、絞り終えて口金を離すときにも浮いてきません。

生地を冷凍後、オーブンで焼く

1 天板ごと冷凍庫に入れ、30分以上生地を休ませる。天板がそのまま入らない場合は、冷凍庫用のアルミ板やバットなどに、オーブンシートのままのせて冷凍する。※5
2 予熱した170℃のオーブンで、15〜20分焼く。
3 クッキーが焼けたら取り出し、網の上に置いて粗熱を取る。

※5 生地を絞った後に冷凍庫に入れるのがポイント。生地がだれずに、きれいな形の絞り出しクッキーが焼けます。

ココア味、ストロベリー味、抹茶味の材料と作り方

本書では〈バニラ味〉をベースにして、〈ココア味〉〈ストロベリー味〉〈抹茶味〉の3種類を基本にしています。

4 星口金（6切15mm）をつけた絞り袋に3を入れ、オーブンシートの上に馬蹄形（型紙➡p.94）に絞る。
5 4を30分以上、冷凍庫で休ませる。
6 170℃のオーブンで15〜20分焼き、網にのせて粗熱を取る。
7 クッキーの両端に、湯せんで溶かしたコーティング用スイートチョコレートをつけ、キャラメルクランチをまぶす。冷蔵庫で30分ほど冷やす。

絞り方、焼き方、トッピングは、それぞれのページの〈バニラ味〉に準じます。

〈ココア味〉

材料
無塩バター …… 75g
粉糖 …… 30g
塩 …… ひとつまみ
卵白 …… 大さじ1
バニラエッセンス …… 4〜5滴
薄力粉 …… 80g
ココアパウダー（無糖）…… 10g

準備
★ 無塩バターは室温に戻してやわらかくする。
★ 粉糖はふるう。薄力粉、ココアパウダーは合わせてふるう。
★ オーブンは170℃に予熱する。

作り方
1 ボウルに無塩バターを入れ、ホイッパーで白っぽくなるまで混ぜ、粉糖、塩を加えてさらに混ぜる。
2 1に卵白とバニラエッセンスを加えて混ぜる。
3 薄力粉、ココアパウダーを加え、ゴムべらでさっくり混ぜる。

〈バニラ味〉に準ずる

〈ストロベリー味〉

材料
無塩バター …… 75g
粉糖 …… 30g
塩 …… ひとつまみ
卵白 …… 大さじ1
バニラエッセンス …… 4〜5滴
薄力粉 …… 80g
ストロベリーパウダー …… 10g
食用色素（赤）…… 適宜

準備
★ 無塩バターは室温に戻してやわらかくする。
★ 粉糖はふるう。薄力粉、ストロベリーパウダーは合わせてふるう。
★ オーブンは170℃に予熱する。

作り方
1 ボウルに無塩バターを入れ、ホイッパーで白っぽくなるまで混ぜ、粉糖、塩を加えてさらに混ぜる。
2 1に卵白とバニラエッセンスを加えて混ぜる。
3 薄力粉、ストロベリーパウダー、食用色素（赤）を加え、ゴムべらでさっくり混ぜる。

〈バニラ味〉に準ずる

〈抹茶味〉

材料
無塩バター …… 75g
粉糖 …… 30g
塩 …… ひとつまみ
卵白 …… 大さじ1
バニラエッセンス …… 4〜5滴
薄力粉 …… 90g
抹茶 …… 小さじ1/2

準備
★ 無塩バターは室温に戻してやわらかくする。
★ 粉糖はふるう。薄力粉、抹茶は合わせてふるう。
★ オーブンは170℃に予熱する。

作り方
1 ボウルに無塩バターを入れ、ホイッパーで白っぽくなるまで混ぜ、粉糖、塩を加えてさらに混ぜる。
2 1に卵白とバニラエッセンスを加えて混ぜる。
3 薄力粉、抹茶を加え、ゴムべらでさっくり混ぜる。

〈バニラ味〉に準ずる

コーティング＆トッピングの方法

チョコレートでコーティングしてキャラメルクランチやナッツをまぶしたり、アイシングを使って、アラザンやパールクラッカンをトッピングできます。

コーティング＋まぶす

チョコレートを湯せんして溶かし、クッキーにコーティングする。

チョコレートが乾かないうちに、キャラメルクランチやナッツをまぶす。

トッピングする

粉糖50ｇに、卵白（小さじ1～2）を糊のようになるまで加減を見ながら入れて混ぜ、アイシングを作る。パールクラッカンをピンセットでつまみ、アイシングをつける。

花芯の部分に、ピンセットでパールクラッカンをトッピングする。

※アイシングを作るとき、水を使う場合もありますが、卵白のほうが、接着力が強くなります。

絞り方のバリエーション

同じ口金でも、絞り方によって形が異なります。
絞った生地をオーブンで焼くと、約1.2倍の大きさにふくらみます。

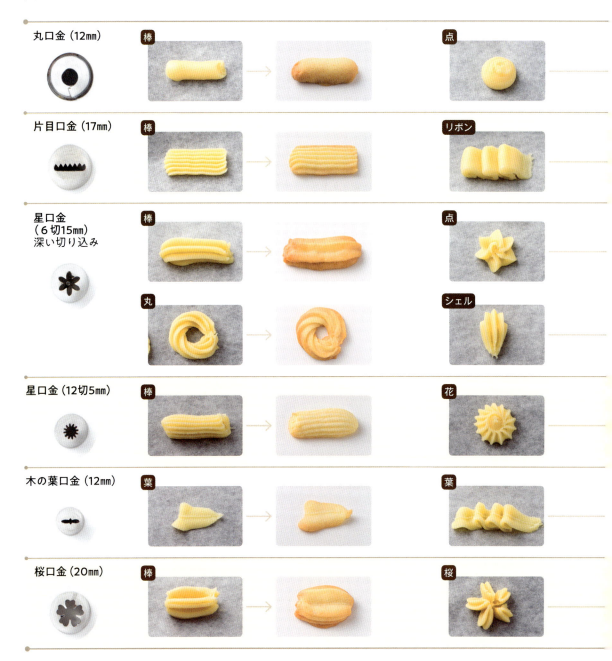

絞り出しクッキーの基本

column

クッキーの保存法

身近にある瓶や缶を使って、クッキーを保存すれば、
焼きたての味や香りを長く楽しむことができます。

クッキーをおいしく保存するポイント

❶ クッキーは密閉容器（瓶、缶、ジッパーつき保存袋）に入れて保存する。乾燥剤を入れると、なおよい。

❷ 1週間〜10日で食べきるのが目安。それ以上経つと、バターが酸化するため、風味が落ちる。

❸ ひとつの保存容器に、1種類のクッキーを入れて保存すれば、香り移りが防げる。

PART 1

ティータイムを彩るクッキー

エッジの効いた貝たち
フランボワーズとピスタチオがアクセントに

シェル

材料 (バニラ味、ココア味　各14個分)

〈バニラ味〉

無塩バター …… 75g
粉糖 …… 30g
塩 …… ひとつまみ
卵白 …… 大さじ1
バニラエッセンス …… 4〜5滴
薄力粉 …… 90g

トッピング

アプリコットジャム …… 適量
フランボワーズクランチ …… 適量

準備

★ 無塩バターは室温に戻してやわらかくする。
★ 粉糖、薄力粉はそれぞれふるう。
★ オーブンは170℃に予熱する。

作り方

〈バニラ味〉

1　ボウルに無塩バターを入れ、ホイッパーで白っぽくなるまで混ぜ、粉糖、塩を加えてさらに混ぜる。
2　1に卵白とバニラエッセンスを加えて混ぜる。
3　薄力粉を加え、ゴムべらでさっくり混ぜる。
4　星口金（6切15mm）をつけた絞り袋に3を入れ、オーブンシートの上に貝の形に絞る。
5　4を30分以上、冷凍庫で休ませる。
6　170℃のオーブンで15〜20分焼き、網にのせて粗熱を取る。
7　シェルの細い部分にアプリコットジャムを少し塗り、フランボワーズクランチをつける。

〈ココア味〉
材料・作り方 ➡ p.16

※ トッピングは、アプリコットジャムとピスタチオ（細かく刻む）を使います。

アプリコットジャムをサンドし、チョコをかけた、
濃厚でリッチなおいしさ

2色のチョコがけ

材料 (バニラ味、ココア味　各15個分（30枚）)

〈バニラ味〉

無塩バター …… 75g
粉糖 …… 30g
塩 …… ひとつまみ
卵白 …… 大さじ1
バニラエッセンス …… 4〜5滴
薄力粉 …… 90g

フィリング
アプリコットジャム …… 適量

トッピング
コーティング用ホワイトチョコレート …… 適量

準備

★ 無塩バターは室温に戻してやわらかくする。
★ 粉糖、薄力粉はそれぞれふるう。
★ オーブンは170℃に予熱する。

作り方

〈バニラ味〉

1 ボウルに無塩バターを入れ、ホイッパーで白っぽくなるまで混ぜ、粉糖、塩を加えてさらに混ぜる。
2 1に卵白とバニラエッセンスを加えて混ぜる。
3 薄力粉を加え、ゴムべらでさっくり混ぜる。
4 片目口金（17㎜）をつけた絞り袋に3を入れ、オーブンシートの上に4〜5㎝ほどの長さに絞る。
5 4を30分以上、冷凍庫で休ませる。
6 170〜180℃のオーブンで7〜8分焼き、網にのせて粗熱を取る。
7 クッキーを2枚1組にしてアプリコットジャムをはさみ、湯せんで溶かしたコーティング用ホワイトチョコレートを斜めにかける。冷蔵庫で30分ほど冷やす。

〈ココア味〉

材料・作り方 ➡ p.16

※ トッピングは、湯せんで溶かしたコーティング用スイートチョコレートを使います。

紅茶がバターの風味を引き立てる
らせん絞りがとってもおしゃれ

紅茶味のウェーブ

材料 (15個分)

無塩バター …… 75g
粉糖 …… 30g
塩 …… ひとつまみ
卵白 …… 大さじ1
バニラエッセンス …… 4〜5滴
薄力粉 …… 90g
紅茶（ティーバッグ）…… 1袋（2g）

準備

★ 無塩バターは室温に戻してやわらかくする。
★ 粉糖、薄力粉はそれぞれふるう。
★ オーブンは170℃に予熱する。

作り方

1 ボウルに無塩バターを入れ、ホイッパーで白っぽくなるまで混ぜ、粉糖、塩を加えてさらに混ぜる。
2 1に卵白とバニラエッセンスを加えて混ぜる。
3 薄力粉を加え、袋から出した紅茶を加えてゴムべらでさっくり混ぜる。
4 星口金（6切10㎜）をつけた絞り袋に3を入れ、オーブンシートの上に7〜8㎝長さのらせん状に絞る。
5 4を30分以上、冷凍庫で休ませる。
6 170℃のオーブンで15〜20分焼き、網にのせて粗熱を取る。

チョコにまぶした、
キャラメルクランチがアクセント

馬蹄形

材料（バニラ味、ココア味　各8個分）

〈バニラ味〉

無塩バター …… 75g
粉糖 …… 30g
塩 …… ひとつまみ
卵白 …… 大さじ1
バニラエッセンス …… 4〜5滴
薄力粉 …… 90g

コーティング

コーティング用スイートチョコレート …… 適量

トッピング

キャラメルクランチ …… 適量

準備

★ 無塩バターは室温に戻してやわらかくする。
★ 粉糖、薄力粉はそれぞれふるう。
★ オーブンは170℃に予熱する。

作り方

〈バニラ味〉

1 ボウルに無塩バターを入れ、ホイッパーで白っぽくなるまで混ぜ、粉糖、塩を加えてさらに混ぜる。
2 1に卵白とバニラエッセンスを加えて混ぜる。
3 薄力粉を加え、ゴムべらでさっくり混ぜる。
4 星口金（6切15㎜）をつけた絞り袋に3を入れ、オーブンシートの上に馬蹄形（型紙 ➡p.94）に絞る。
5 4を30分以上、冷凍庫で休ませる。
6 170℃のオーブンで15〜20分焼き、網にのせて粗熱を取る。
7 クッキーの両端に、湯せんで溶かしたコーティング用スイートチョコレートをつけ、キャラメルクランチをまぶす。冷蔵庫で30分ほど冷やす。

〈ココア味〉

材料・作り方 ➡p.16

ティータイムを彩るクッキー | 29

お誕生日や記念日に、
クッキーでメッセージを

数字&アルファベット

材料 (15個分)

無塩バター …… 75g
粉糖 …… 30g
塩 …… ひとつまみ
卵白 …… 大さじ1
バニラエッセンス …… 4～5滴
薄力粉 …… 90g

準備

★無塩バターは室温に戻してやわらかくする。
★粉糖、薄力粉はそれぞれふるう。
★オーブンは170℃に予熱する。

作り方

1 ボウルに無塩バターを入れ、ホイッパーで白っぽくなるまで混ぜ、粉糖、塩を加えてさらに混ぜる。
2 1に卵白とバニラエッセンスを加えて混ぜる。
3 薄力粉を加え、ゴムべらでさっくり混ぜる。
4 丸口金（6㎜）をつけた絞り袋に3を入れ、オーブンシートの上にお好みの数字やアルファベットの形（型紙➡p.94）に絞る。
5 4を30分以上、冷凍庫で休ませる。
6 170℃のオーブンで15～20分焼き、網にのせて粗熱を取る。

エレガントなリボンに、小さい花をのせて、
贈る気持ちを伝えたい

リボン

材料（バニラ味、ココア味 各6個分）

〈バニラ味〉

無塩バター …… 75g
粉糖 …… 30g
塩 …… ひとつまみ
卵白 …… 大さじ1
バニラエッセンス …… 4～5滴
薄力粉 …… 90g

トッピング

アプリコットジャム …… 適量
アラザン（シルバー）…… 適量
小さい花のクッキー（➡p.52）…… 6個
アイシング …… 適量

※アイシングの作り方
　小さいボウルに粉糖（50g）を入れ、卵白（小さじ1～2）を糊のようになるまで加減を見ながら加えて混ぜます。

準備

★ 無塩バターは室温に戻してやわらかくする。
★ 粉糖、薄力粉はそれぞれふるう。
★ オーブンは170℃に予熱する。

作り方

〈バニラ味〉

1 ボウルに無塩バターを入れ、ホイッパーで白っぽくなるまで混ぜ、粉糖、塩を加えてさらに混ぜる。
2 1に卵白とバニラエッセンスを加えて混ぜる。
3 薄力粉を加え、ゴムべらでさっくり混ぜる。
4 星口金（6切10mm）をつけた絞り袋に3を入れ、オーブンシートの上にリボン型に絞る。
5 4を30分以上、冷凍庫で休ませる。
6 170℃のオーブンで15～20分焼き、網にのせて粗熱を取る。
7 クッキーの両端にアプリコットジャムをつけ、アラザンを飾る。クッキーの中央に小さい花の絞り出しクッキーをアイシングでつける。

〈ココア味〉

材料・作り方 ➡p.16

カラフルに4色そろって、
味も香りも、楽しさ広がる

マカロン風

材料
(ココア味、ほうれん草味、ストロベリー味、かぼちゃ味 各25～30個分)

〈ココア味〉
卵白 …… 50g
グラニュー糖 …… 10g
A ┌ アーモンドプードル 20g
  │ 粉糖 …… 20g
  │ 薄力粉 …… 大さじ1/2
  └ ココアパウダー（無糖）…… 小さじ2
無塩バター（溶かす）…… 5g

〈ほうれん草味〉
卵白 …… 50g
グラニュー糖 …… 10g
A ┌ アーモンドプードル …… 20g
  │ 粉糖 …… 20g
  │ 薄力粉 …… 大さじ1/2
  └ ほうれん草パウダー …… 小さじ2
無塩バター（溶かす）…… 5g
食用色素（緑）…… 適量

〈ストロベリー味〉
卵白 …… 50g
グラニュー糖 …… 10g
A ┌ アーモンドプードル …… 20g
  │ 粉糖 …… 20g
  │ 薄力粉 …… 大さじ1/2
  └ ストロベリーパウダー …… 小さじ2
無塩バター（溶かす）…… 5g
食用色素（赤）…… 適量

〈かぼちゃ味〉
卵白 …… 50g
グラニュー糖 …… 10g
A ┌ アーモンドプードル …… 20g
  │ 粉糖 …… 20g
  │ 薄力粉 …… 大さじ1/2
  └ かぼちゃパウダー …… 小さじ2
無塩バター（溶かす）…… 5g
食用色素（黄）…… 適量

＊＊＊

準備
- ★ Aは合わせてふるう。
- ★ オーブンは160℃に予熱する。
- ★ 無塩バターを湯せんで溶かし、溶かしバターを作る。

作り方 (共通)

1 ボウルに卵白を入れてホイッパーでゆるく筋ができて、すぐ筋が消えるくらいの6分立てにし、グラニュー糖を加える。さらに泡立てて、ピンとツノが立つくらいのメレンゲを作る。

2 1にAを3回に分けて加え、そのつどゴムべらでさっくり混ぜる。

3 溶かしバターをゴムべらで受けながら加える。

※食用色素を入れる場合は、粗熱が取れた溶かしバターに少し濃いめに色づけしておきます。

4 丸口金（12mm）をつけた絞り袋に3を入れ、オーブンシートの上に直径2.5cmほどに丸く絞る。

5 4を30分以上、冷凍庫で休ませる。

6 160℃のオーブンで25～30分焼く。焼き上がったら消したオーブンの中に5分入れて乾燥焼きをする。網にのせて粗熱を取る。

プラリネチョコクリームをサンドして、
お好みのナッツをトッピング

デュシェス

材料（15個分・30枚）

無塩バター …… 80g
粉糖 …… 110g
アーモンドプードル …… 10g
卵白 …… 大さじ6（75g）
薄力粉 …… 80g

フィリング　プラリネチョコクリーム
製菓用スイートチョコレート …… 70g
アーモンドプラリネペースト …… 35g

※プラリネチョコクリームの作り方
　湯せんで溶かしたチョコレートに、アーモンドプラリネペーストを加えて混ぜ、少しとろりとするぐらいの温度に冷やします。

トッピング
お好みのナッツ …… 適量

準備

★ 無塩バターは室温に戻してやわらかくする。
★ 粉糖、薄力粉はそれぞれふるう。
★ オーブンは170℃に予熱する。

作り方

1 ボウルに無塩バターを入れ、ホイッパーで白っぽくなるまで混ぜる。
2 粉糖は大さじ2～3を取り分けておく。残りを1のボウルに加え、ホイッパーで混ぜる。
3 2に、アーモンドプードルを加えて混ぜる。
4 別のボウルに卵白を入れ、ホイッパーでゆるく筋ができて、すぐに筋が消えるくらいの6分立てにし、2で取り分けておいた粉糖を加えて混ぜ、さらに泡立ててピンとツノが立つくらいのメレンゲを作る。
5 4を3に一度に加え、ホイッパーでよく混ぜる。
6 薄力粉を一度に加え、ゴムべらでさっくり混ぜる。
7 丸口金（12mm）をつけた絞り袋に6を入れ、オーブンシートの上に間隔をあけて直径2cmほどに丸く絞る。その上に、カシューナッツやアーモンドなどお好みのナッツをのせ、170～180℃のオーブンで7～8分焼き、網にのせて粗熱を取る。※
8 クッキーを2枚1組にし、プラリネチョコクリームをはさみ、冷蔵庫で30分ほど冷やす。

※このクッキーの場合は、焼く前に冷凍庫に入れる必要はありません。

薄くてサクッとした食感
プレーンだからこそ、バターの風味が引き立つ

ラングドシャ

材料 (15個分)

無塩バター …… 80g
粉糖 …… 110g
アーモンドプードル …… 10g
卵白 …… 大さじ6（75g）
薄力粉 …… 80g

準備

★ 無塩バターは室温に戻してやわらかくする。
★ 粉糖、薄力粉はそれぞれふるう。
★ オーブンは170℃に予熱する。

作り方

1 ボウルに無塩バターを入れ、ホイッパーで白っぽくなるまで混ぜる。
2 粉糖は大さじ2〜3を取り分けておく。残りを1のボウルに加え、ホイッパーで混ぜる。
3 2に、アーモンドプードルを加えて混ぜる。
4 別のボウルに卵白を入れ、ホイッパーでゆるく筋ができて、すぐに筋が消えるくらいの6分立てにし、2で取り分けておいた粉糖を加えて混ぜ、さらに泡立ててピンとツノが立つくらいのメレンゲを作る。
5 4を3に一度に加え、ホイッパーでよく混ぜる。
6 薄力粉を一度に加え、ゴムべらでさっくり混ぜる。
7 丸口金（12mm）をつけた絞り袋に6を入れ、オーブンシートの上に猫の舌の形に細長くつぶし気味に広げるように絞る。※
8 170〜180℃のオーブンで7〜8分焼き、網にのせて粗熱を取る。

※このクッキーの場合は、焼く前に冷凍庫に入れる必要はありません。

ココナッツの風味が効いた、
カリッとした食感のシンプルなクッキー

ココナッツ＆メープル

材料 (20個分)

無塩バター …… 50g
メープルシュガー …… 40g
塩 …… ひとつまみ
全卵（溶いたもの）…… 1/2個分
A ┌ 薄力粉 …… 50g
　├ ベーキングパウダー …… 小さじ1/4
　└ ココナッツファイン …… 30g

準備

★ 無塩バターは室温に戻してやわらかくする。
★ Aは合わせてふるう。
★ オーブンは170℃に予熱する。

作り方

1 ボウルに無塩バターを入れ、ホイッパーで白っぽくなるまで混ぜ、メープルシュガー、塩を加えてさらに混ぜる。
2 1に全卵を少しずつ加え、そのつどホイッパーでよく混ぜる。
3 Aを加え、ゴムべらでさっくりと混ぜる。
4 丸口金（10㎜）をつけた絞り袋に3を入れ、オーブンシートの上に卵形に絞る。
5 4を30分以上、冷凍庫で休ませる。
6 170℃のオーブンで15分焼き、網にのせ粗熱を取る。

お好みのジャムやチョコをのせて、
甘〜いひとときを

ジャム＆チョコのせ

材料 (バニラ味、ココア味　各10個分)

〈バニラ味〉

無塩バター …… 75g
粉糖 …… 30g
塩 …… ひとつまみ
卵白 …… 大さじ1
バニラエッセンス …… 4〜5滴
薄力粉 …… 90g

トッピング

お好みのジャム …… 適量

※写真では、アプリコットジャム、クランベリージャムを使用しています。

準備

★ 無塩バターは室温に戻してやわらかくする。
★ 粉糖、薄力粉はそれぞれふるう。
★ オーブンは170℃に予熱する。

作り方

〈バニラ味〉

1 ボウルに無塩バターを入れ、ホイッパーで白っぽくなるまで混ぜ、粉糖、塩を加えてさらに混ぜる。
2 1に卵白とバニラエッセンスを加えて混ぜる。
3 薄力粉を加え、ゴムべらでさっくり混ぜる。
4 星口金（6切15mm）をつけた絞り袋に3を入れ、オーブンシートの上に直径3〜3.5cmほどの「のの字」に絞る。
5 4を30分以上、冷凍庫で休ませる。
6 170℃のオーブンで15〜20分焼き、網にのせて粗熱を取る。
7 クッキーの真ん中にお好みのジャムをのせ、冷蔵庫で30分ほど冷やす。

〈ココア味〉

材料・作り方 ➡ p.16

※トッピングは、湯せんで溶かしたコーティング用スイートチョコレート・ホワイトチョコレートを使います。

ドイツの焼き菓子プレッツェルの形に！
いろいろなトッピングを楽しんで

プレッツェル風

材料（10個分）

無塩バター …… 75g
粉糖 …… 30g
塩 …… ひとつまみ
卵白 …… 大さじ1
バニラエッセンス …… 4〜5滴
薄力粉 …… 90g

トッピング-1
ざらめ …… 適量
アーモンドダイス …… 適量

トッピング-2
コーティング用ホワイトチョコレート …… 適量
フランボワーズパウダー …… 適量
ピスタチオ（細かく刻む）…… 適量
ジュエリーシュガー（イエロー）…… 適量

準備

★ 無塩バターは室温に戻してやわらかくする。
★ 粉糖、薄力粉はそれぞれふるう。
★ オーブンは170℃に予熱する。

作り方

1 ボウルに無塩バターを入れ、ホイッパーで白っぽくなるまで混ぜ、粉糖、塩を加えてさらに混ぜる。
2 1に卵白とバニラエッセンスを加えて混ぜる。
3 薄力粉を加え、ゴムべらでさっくり混ぜる。
4 丸口金（7㎜）をつけた絞り袋に3を入れ、オーブンシートの上にプレッツェルの形（型紙 ➡p.94）に絞る。**トッピング-1** クッキー5個分は、ざらめ、アーモンドダイスをのせる。
5 4を30分以上、冷凍庫で休ませる。
6 170℃のオーブンで15〜20分焼き、網にのせて粗熱を取る。
7 **トッピング-2** 残りのクッキー5個分は、クッキーの片側に、湯せんで溶かしたコーティング用ホワイトチョコレートをつけ、お好みのトッピングをのせる。

ティータイムを彩るクッキー | 45

column

ラッピングのアイデア

手作りのクッキーを、ほんの少しだけ差し上げたい。
そんなときに参考になる、簡単なラッピング法をご紹介しましょう。

透明カップ＆リボン

プラスチックのカップにクッキーを入れ、透明なラッピング袋で包みます。袋の上部を折ってリボンを入れ、袋で何度か巻き込み、上部でリボン結びにします。
ラングドシャ ➡p.38

ペーパー＆紐

透明なラッピング袋に、お気に入りのペーパーを敷き、クッキーを入れます。袋の上部にひだを寄せて、紐で結びましょう。
（左）ローズマリー＆タイム ➡p.62
（右）ココナッツ＆メープル ➡p.40

ラベル＆タグ

瓶にクッキー名を書いたラベルを貼り、メッセージを書いたタグを添えると、贈る相手に気持ちが伝わります。
マカロン風 ➡p.34

PART 2

かわいいお花のクッキー

ピンクとブラウンのローズが、
エレガントに咲く

ローズ

材料
（ストロベリー＆バニラ味、ココア＆バニラ味　各10個分）

〈バニラ生地〉
無塩バター …… 38g
粉糖 …… 15g
塩 …… ひとつまみ
卵白 …… 大さじ1/2
バニラエッセンス …… 2〜3滴
薄力粉 …… 45g

〈ストロベリー生地〉
無塩バター …… 38g
粉糖 …… 15g
塩 …… ひとつまみ
卵白 …… 大さじ1/2
バニラエッセンス …… 2〜3滴
薄力粉 …… 40g
ストロベリーパウダー …… 5g
食用色素（赤）…… 適宜

〈ココア生地〉
無塩バター …… 38g
粉糖 …… 15g
塩 …… ひとつまみ
卵白 …… 大さじ1/2
バニラエッセンス …… 2〜3滴
薄力粉 …… 40g
ココアパウダー（無糖）…… 5g

準備
★ 無塩バターは室温に戻してやわらかくする。
★ 粉糖、薄力粉はそれぞれふるう。
★ オーブンは170℃に予熱する。

作り方

〈ストロベリー＆バニラ味〉
1 〈バニラ生地〉を作る。ボウルに無塩バターを入れ、ホイッパーで白っぽくなるまで混ぜ、粉糖、塩を加えてさらに混ぜる。
2 1に卵白とバニラエッセンスを加えて混ぜる。
3 薄力粉を加え、ゴムべらでさっくり混ぜる。
4 〈ストロベリー生地〉（➡p.16）を作る。
5 バニラ生地、ストロベリー生地をそれぞれラップにのせ、くるくるっと細長く巻き、絞り袋の中にラップごと縦に入れる。
6 星口金（6切15㎜）をつけた絞り袋に2を入れ、オーブンシートの上に「のの字」に絞る。
7 6を30分以上、冷凍庫で休ませる。
8 170℃のオーブンで12〜15分焼き、網にのせて粗熱を取る。

〈ココア＆バニラ味〉
ココア生地の作り方（➡p.16）

※上記のストロベリー生地を、ココア生地に変更します。

ストロベリーの甘酸っぱい風味
アラザンとパールクラッカンでおしゃれに

桜

材料（10個分）

無塩バター …… 75g
粉糖 …… 30g
塩 …… ひとつまみ
卵白 …… 大さじ1
バニラエッセンス …… 4〜5滴
薄力粉 …… 90g

トッピング
コーティング用ストロベリーチョコレート …… 適量
アラザン（ピンク）…… 適量
パールクラッカン（白）…… 10個

準備

★ 無塩バターは室温に戻してやわらかくする。
★ 粉糖、薄力粉はそれぞれふるう。
★ オーブンは170℃に予熱する。

作り方

1 ボウルに無塩バターを入れ、ホイッパーで白っぽくなるまで混ぜ、粉糖、塩を加えてさらに混ぜる。
2 1に卵白とバニラエッセンスを加えて混ぜる。
3 薄力粉を加え、ゴムべらでさっくり混ぜる。
4 桜口金（20㎜）をつけた絞り袋に3を入れ、オーブンシートの上に直径3.5㎝ほどに絞る。
5 4を30分以上冷凍庫で休ませる。
6 170℃のオーブンで15〜20分焼き、網にのせて粗熱を取る。
7 クッキーに、湯せんで溶かしたコーティング用ストロベリーチョコレートをかけ、中央にアラザン、パールクラッカンをのせる。

絵を描くように、
クッキーの小さい花をちらして

小さい花

🌀 材料
（花：バニラ味、ココア味、ストロベリー味、かぼちゃ味
　各30〜40個分）
（葉っぱ：抹茶味　30〜40個分）

〈花：バニラ味〉
無塩バター …… 75g
粉糖 …… 30g
塩 …… ひとつまみ
卵白 …… 大さじ1
バニラエッセンス …… 4〜5滴
薄力粉 …… 90g

〈葉っぱ：抹茶味〉
バニラ味の材料に加えて
抹茶 …… 小さじ1/2

🌀 準備
★ 無塩バターは室温に戻してやわらかくする。
★ 粉糖、薄力粉はそれぞれふるう。
★ オーブンは170℃に予熱する。

🌀 作り方

〈花：バニラ味〉
1　ボウルに無塩バターを入れ、ホイッパーで白っぽくなるまで混ぜ、粉糖、塩を加えてさらに混ぜる。
2　1に卵白とバニラエッセンスを加えて混ぜる。
3　薄力粉を加え、ゴムべらでさっくり混ぜる。
4　星口金（6切12㎜もしくは5切5㎜）をつけた絞り袋に3を入れ、オーブンシートの上に垂直にひねりながら絞る。
5　4を30分以上、冷凍庫で休ませる。
6　170℃のオーブンで10〜12分焼き、網にのせて粗熱を取る。

〈葉っぱ：抹茶味〉
1〜3の作り方は、〈花：バニラ味〉と同じ。抹茶は粉糖と一緒にふるっておく。
4　木の葉口金（12㎜）をつけた絞り袋に3を入れ、葉の形に絞る。
5　4を30分以上、冷凍庫で休ませる。
6　170℃のオーブンで12〜15分焼き、網にのせて粗熱を取る。

〈バニラ味〉以外の花を作るときは、〈バニラ味〉の材料に下記をそれぞれ加え、準備のときに薄力粉と一緒にふるって使う。

〈ココア味〉
ココアパウダー（無糖）…… 小さじ2

〈ストロベリー味〉
ストロベリーパウダー …… 小さじ2

〈かぼちゃ味〉
かぼちゃパウダー …… 小さじ2

かわいいお花のクッキー | 53

大きな花が、ひと絞りで完成
アーモンド好きにはたまらない味

ひまわり

材料 （花6個分、葉4枚分、茎4本分）

〈花〉
無塩バター …… 65g
粉糖 …… 25g
塩 …… ひとつまみ
卵白 …… 10g
バニラエッセンス …… 4～5滴
薄力粉 …… 75g

フィリング
水あめ …… 25g
ブラウンシュガー …… 25g
無塩バター …… 25g
アーモンドスライス …… 25g

〈葉、茎〉
無塩バター …… 38g
粉糖 …… 15g
塩 …… ひとつまみ
卵白 …… 大さじ1/2
バニラエッセンス …… 2～3滴
薄力粉 …… 45g
抹茶 …… 小さじ1/4

準備

〈花〉
★無塩バターは室温に戻してやわらかくする。
★粉糖、薄力粉はそれぞれふるう。
★オーブンは170℃に予熱する。

〈葉、茎〉
★無塩バターは室温に戻してやわらかくする。
★粉糖はふるう。薄力粉、抹茶は合わせてふるう。
★オーブンは170℃に予熱する。

作り方

〈花〉
1 ボウルに無塩バターを入れ、ホイッパーで白っぽくなるまで混ぜ、粉糖、塩を加えてさらに混ぜる。
2 1に卵白とバニラエッセンスを加えて混ぜる。
3 薄力粉を加え、ゴムべらでさっくり混ぜる。
4 サルタン口金をつけた絞り袋に3を入れ、オーブンシートの上に垂直に絞り、ひねりながら絞り袋を持ち上げる。
5 4を30分以上、冷凍庫で休ませる。
6 鍋に水あめ、ブラウンシュガーを入れて軽く温める。
7 6を火からおろし、無塩バター、アーモンドスライスを加えて混ぜる。クッキングシートを使って直径2cmの棒状にまとめ、冷凍庫で30分冷やし固める。
8 7を4～5mm厚さに切り、5の生地の中央にのせて、170℃のオーブンで15～18分焼く。網にのせて粗熱を取る。

サルタン口金

〈葉、茎〉
1～2まで〈花〉と同じ。
3 1に薄力粉、抹茶を加え、ゴムべらでさっくり混ぜる。

葉
4 木の葉口金（12mm）をつけた絞り袋に3の1/2量を入れ、オーブンシートの上に4cm長さに折り重ねるように絞る。

茎
5 丸口金（6mm）をつけた絞り袋に3の1/2量を入れ、オーブンシートの上に15～18cm長さに絞る。
6 4と5を170℃のオーブンで15～18分焼き、網にのせて粗熱を取る。

ほろりと繊細な口溶け
4色のカラフルな花がかわいい

ガーベラ

材料
(バニラ味、ココア味、ストロベリー味、かぼちゃ味 各8個分)

〈バニラ味〉
無塩バター …… 75g
粉糖 …… 30g
塩 …… ひとつまみ
卵白 …… 大さじ1
バニラエッセンス …… 4〜5滴
薄力粉 …… 90g

トッピング 〈お皿の上の花〉
小さい花のクッキー（➡p.52） …… 適量
アイシング …… 適量

トッピング 〈お皿の外の花〉
レインボーシュガー
　（パープル、グリーン、オレンジ）…… 適量
アイシング …… 適量

※アイシングの作り方
　小さいボウルに粉糖（50g）を入れ、卵白（小さじ1〜2）を糊のようになるまで加減を見ながら加えて混ぜます。

準備
★ 無塩バターは室温に戻してやわらかくする。
★ 粉糖、薄力粉はそれぞれふるう。
★ オーブンは170℃に予熱する。

〈バニラ味〉以外の花を作るときは、〈バニラ味〉の材料に右記をそれぞれ加え、準備のときに薄力粉と一緒にふるって使う。

〈ココア味〉
ココアパウダー（無糖）…… 小さじ2

〈ストロベリー味〉
ストロベリーパウダー …… 小さじ2

〈かぼちゃ味〉
かぼちゃパウダー …… 小さじ2

作り方

〈お皿の外の花〉
1. ボウルに無塩バターを入れ、ホイッパーで白っぽくなるまで混ぜ、粉糖、塩を加えてさらに混ぜる。
2. 1に卵白とバニラエッセンスを加えて混ぜる。
3. 薄力粉を加え、ゴムべらでさっくり混ぜる。
4. バラ口金（12㎜）をつけた絞り袋に3を入れ、花びらをひとつずつ涙型に中心に向かって絞る。
5. 4を30分以上、冷凍庫で休ませる。
6. 170℃のオーブンで15〜20分焼き、網にのせて粗熱を取る。
7. クッキーの中央に、レインボーシュガーをアイシングでつける。

〈お皿の上の花〉
1〜3の作り方は、〈お皿の外の花〉と同じ。
4. 丸口金（5㎜）をつけた絞り袋に3を入れ、オーブンシートの上に花の形（型紙➡p.94）に絞る。
5. 4を30分以上、冷凍庫で休ませる。
6. 170℃のオーブンで15〜20分焼き、網にのせて粗熱を取る。
7. クッキーの中央に、小さい花のクッキーをアイシングでつける。

かわいいお花のクッキー | 57

column

プレゼント用のBOX

数種類のクッキーが焼けたら、プレゼント用のBOXにしてみましょう。
素敵な箱に、彩りよく詰め合わせます。

レモンジンジャー ➡p.72
ココナッツ＆メープル ➡p.40
ジャム＆チョコのせ ➡p.42
2色のチョコがけ ➡p.24

クッキーを詰めるときのポイント

① 箱の中にすきまなく詰めると、運ぶときにクッキーが割れにくい。

② 平たいクッキーは重ねて詰め、折れやすいクッキーは立てて詰めると、割れにくい。

③ 詰める前に、メインにするクッキーを決める。

④ プレーンやチョコレートなど、彩りを考えながら配分する。

⑤ スパイシーカレーなど、香りの強いものを入れると、他のクッキーに香りが移るので要注意。

PART 3

お酒にも合うクッキー

パルミジャーノの深いコクと味わい
止まらないおいしさ

チーズバトン

◎ 材料（25個分）

無塩バター …… 45g
ショートニング …… 15g
塩 …… 2g
パルミジャーノ（粉）…… 20g
牛乳 …… 50㎖
薄力粉 …… 100g
ブラックペッパー（粗挽き）…… 適量
ピンクペッパー（粗挽き）…… 適量

◎ 準備

★ 無塩バター、ショートニングは室温に戻してやわらかくする。
★ 薄力粉はふるう。
★ オーブンは160℃に予熱する。

◎ 作り方

1 ボウルに無塩バターを入れ、ホイッパーで白っぽくなるまで混ぜ、ショートニング、塩を加えてさらに混ぜる。
2 1にパルミジャーノと牛乳を加えて混ぜる。
3 薄力粉を加え、ゴムべらでさっくり混ぜる。
4 片目口金（10㎜）をつけた絞り袋に3を入れ、オーブンシートの上に4㎝長さに絞る。ブラックペッパー、ピンクペッパーをのせる。
5 4を30分以上、冷凍庫で休ませる。
6 160℃のオーブンで、15～20分焼き、網にのせて粗熱を取る。

グリッシーニ風のカリッとした食感
ハーブの香りが追いかけてくる

ローズマリー&タイム

材料 (10本分)

無塩バター …… 33g
ショートニング …… 10g
グラニュー糖 …… 15g
塩 …… ふたつまみ
卵白 …… 10g
薄力粉 …… 33g
強力粉 …… 16g
生のローズマリー（葉をちぎる）…… 2枝
生のタイム（葉をちぎる）…… 3枝

準備

★ 無塩バターは室温に戻してやわらかくする。
★ 薄力粉、強力粉は合わせてふるう。
★ オーブンは170℃に予熱する。

作り方

1 ボウルに無塩バターを入れ、ホイッパーで白っぽくなるまで混ぜ、ショートニング、グラニュー糖、塩を加えてさらに混ぜる。
2 1に卵白を少しずつ加えて混ぜる。
3 薄力粉と強力粉を加え、ゴムべらでさっくり混ぜる。
4 丸口金（7mm）をつけた絞り袋に3を入れ、10～12cm長さに絞る。ローズマリー、タイムを散らす。
5 4を30分以上、冷凍庫で休ませる。
6 170℃のオーブンで15分焼き、網にのせて粗熱を取る。

お酒にも合うクッキー | 63

カレーの豊かな香りが広がって、
サクサク、ほどけるおいしさ

スパイシーカレー

材料 (18個分)

無塩バター …… 55g
ショートニング …… 15g
三温糖 …… 大さじ1
塩 …… ふたつまみ
牛乳 …… 50㎖
薄力粉 …… 100g
カレー粉 …… 大さじ1強

準備

★ 無塩バターは室温に戻してやわらかくする。
★ 薄力粉、カレー粉は合わせてふるう。
★ オーブンは160℃に予熱する。

作り方

1 ボウルに無塩バターを入れ、ホイッパーで白っぽくなるまで混ぜ、ショートニング、三温糖、塩を加えてさらに混ぜる。
2 1に牛乳を少しずつ加え、よく混ぜる。
3 薄力粉、カレー粉を加え、ゴムべらでさっくり混ぜる。
4 片目口金（17㎜）をつけた絞り袋に3を入れ、裏側（ギザギザしていない方）が表になるように4〜4.5㎝長さに折りたたむように絞る。
5 4を30分以上、冷凍庫で休ませる。
6 160℃のオーブンで20分焼き、網にのせて粗熱を取る。

※スパイシーカレーと一緒に、他のクッキーを保存すると、香りが移るので注意しましょう。

辛子めんたいクリームをサンド
ピンク色のコロンとした形がかわいい

めんたいこ

材料（12個分（24枚））

無塩バター …… 35g
A ┌ グラニュー糖 …… 3g
　├ 塩 …… ふたつまみ
　├ 牛乳 …… 大さじ2
　└ 辛子明太子 …… 10g
B ┌ 薄力粉 …… 40g
　└ 強力粉 …… 15g

〈辛子めんたいクリーム〉
クリームチーズ …… 35g
辛子明太子 …… 10g

準備

★ 無塩バター、クリームチーズは、室温に戻してやわらかくする。
★ ボウルにAを入れ、ホイッパーで混ぜる。
★ Bは合わせてふるう。
★ オーブンは160℃に予熱する。

作り方

1 ボウルに無塩バターを入れ、ホイッパーで白っぽくなるまで混ぜ、Aを加えてさらに混ぜる。
2 Bを加え、ゴムべらでさっくり混ぜる。
3 丸口金（10mm）をつけた絞り袋に2を入れ、オーブンシートの上に直径3cmほどに絞る。
4 3を30分以上、冷凍庫で休ませる。
5 160℃のオーブンで18〜20分焼き、網にのせて粗熱を取る。
6 〈辛子めんたいクリーム〉を作る。ボウルにクリームチーズを入れ、ホイッパーでやわらかくなるまで混ぜ、皮を取った辛子明太子を加えて混ぜる。
7 クッキーを2枚1組にし、〈辛子めんたいクリーム〉をはさむ。

紫いものシックなカラー
ほんのりした優しい甘さ

紫いも&黒ごま

材料（20個分）

無塩バター …… 60g
きび砂糖 …… 大さじ2
塩 …… 1g
牛乳 …… 50mℓ
薄力粉 …… 90g
紫いもパウダー …… 20g
黒ごま …… 適量

準備

★ 無塩バターは室温に戻してやわらかくする。
★ 薄力粉、紫いもパウダーは合わせてふるう。
★ オーブンは160℃に予熱する。

作り方

1 ボウルに無塩バターを入れ、ホイッパーで白っぽくなるまで混ぜ、きび砂糖、塩を加えてさらに混ぜる。
2 1に牛乳を加えて混ぜる。
3 薄力粉、紫いもパウダーを加え、ゴムべらでさっくり混ぜる。
4 丸口金（6㎜）をつけた絞り袋に3を入れ、オーブンシートの上に直径3～3.5㎝ほどの渦巻きの形に絞り、黒ごまをのせる。
5 4を30分以上、冷凍庫で休ませる。
6 160℃のオーブンで20分焼き、網にのせて粗熱を取る。

ほうれん草の味と香りがしっかり
ポリポリした少し固めの食感

ほうれん草＆白ごま

材料（10〜12本分）

無塩バター …… 60g
塩 …… ふたつまみ
牛乳 …… 50㎖
薄力粉 …… 90g
ほうれん草パウダー …… 20g
白ごま …… 10g

準備

★無塩バターは室温に戻してやわらかくする。
★薄力粉、ほうれん草パウダーは合わせてふるう。
★オーブンは160℃に予熱する。

作り方

1 ボウルに無塩バターを入れ、ホイッパーで白っぽくなるまで混ぜ、塩を加えてさらに混ぜる。
2 1に牛乳を加えて混ぜる。
3 薄力粉、ほうれん草パウダー、白ごまを加え、ゴムべらでさっくり混ぜる。
4 丸口金（6㎜）をつけた絞り袋に3を入れ、オーブンシートの上に12〜13㎝長さの棒状に絞る。
5 4を30分以上、冷凍庫で休ませる。
6 160℃のオーブンで20分焼き、網にのせて粗熱を取る。

お酒にも合うクッキー | 71

しょうが風味の生地に、
レモンの香りが爽やかに効いて

レモンジンジャー

材料（20個分）

無塩バター …… 45g
グラニュー糖 …… 15g
塩 …… ふたつまみ
卵白 …… 15g
A ┌ 薄力粉 …… 30g
　├ 強力粉 …… 10g
　└ しょうがパウダー …… 10g
レモンの皮（すりおろし）…… 1/2個分

トッピング
レモンの皮（すりおろし）…… 1/2個分

準備

★ 無塩バターは室温に戻してやわらかくする。
★ Aは合わせてふるう。
★ オーブンは160℃に予熱する。

作り方

1 ボウルに無塩バターを入れ、ホイッパーで白っぽくなるまで混ぜ、グラニュー糖、塩を加えてさらに混ぜる。
2 1に卵白を加えて混ぜる。
3 A、レモンの皮（すりおろし）を加え、ゴムべらでさっくり混ぜる。
4 星口金（6切15mm）をつけた絞り袋に3を入れ、オーブンシートの上に3～4cm長さに絞る。トッピング用のレモンの皮（すりおろし）をのせる。
5 4を30分以上、冷凍庫で休ませる。
6 160℃のオーブンで20分焼き、網にのせて粗熱を取る。

column

お酒とのマリアージュ

チーズ、カレー、辛子明太子……。それぞれのクッキーに使われた食材によって、お酒の種類を選びましょう。

チーズバトン＆赤ワイン

塩味の効いた、チーズ味のクッキーには、赤ワインがぴったり。ブラックペッパーとピンクペッパーがアクセントに。
チーズバトン ➡ p.60

スパイシーカレー＆ビール

カレー味のクッキーには、キンキンに冷えたビールがベストマッチ。ついついお酒のピッチが上がります。
スパイシーカレー ➡ p.64

めんたいこ＆日本酒

和のテイスト、めんたいこのクッキーには、大吟醸との相性が抜群。バターのコクと辛子明太子の辛味が、お酒をいっそう引き立てます。
めんたいこ ➡ p.66

PART 4

楽しいイベントのクッキー

ふんわりした口溶け
3色のハートで気持ちを伝えたい

ハート

材料 (バニラ味、ココア味、ストロベリー味　各8個分)

〈バニラ味〉

無塩バター …… 75g
粉糖 …… 30g
塩 …… ひとつまみ
卵白 …… 大さじ1
バニラエッセンス …… 4〜5滴
薄力粉 …… 90g

トッピング

粉糖 …… 適量

準備

★ 無塩バターは室温に戻してやわらかくする。
★ 粉糖、薄力粉はそれぞれふるう。
★ オーブンは170℃に予熱する。

作り方

〈バニラ味〉

1 ボウルに無塩バターを入れ、ホイッパーで白っぽくなるまで混ぜ、粉糖、塩を加えてさらに混ぜる。
2 1に卵白とバニラエッセンスを加えて混ぜる。
3 薄力粉を加え、ゴムべらでさっくり混ぜる。
4 丸口金(12mm)をつけた絞り袋に3を入れ、オーブンシートの上に涙の形に2個並べて絞り、ハートの形にする。
5 2を30分以上、冷凍庫で休ませる。
6 170℃のオーブンで15〜20分焼き、網にのせて粗熱を取る。
7 クッキーに、茶こしで粉糖をふる。

〈ココア味〉

材料・作り方 ➡ p.16

※丸口金は12mmを使用。トッピングは、ココアパウダー(無糖)を使います。

〈ストロベリー味〉

材料・作り方 ➡ p.16

※丸口金は12mmを使用。トッピングは、ストロベリーパウダーに、粉糖(少々)を混ぜています。

> バレンタインデー&ホワイトデー

順番に絞れば、意外に簡単
お好みの小さい花をあしらって

花かご

材料 (バニラ味、ココア味 各3個分)

〈バニラ味〉

無塩バター …… 75g
粉糖 …… 30g
塩 …… ひとつまみ
卵白 …… 大さじ1
バニラエッセンス …… 4〜5滴
薄力粉 …… 90g

トッピング

アイシング …… 適量
小さい花のクッキー（➡p.52）…… 適量

※星口金（12切5mm）も使っています。

ハートのクッキー（➡p.76）…… 適量

※丸口金（12mm）を使います。

※アイシングの作り方
　小さいボウルに粉糖（50g）を入れ、卵白（小さじ1〜2）を糊のようになるまで加減を見ながら加えて混ぜます。

作り方

〈バニラ味〉

1 ボウルに無塩バターを入れ、ホイッパーで白っぽくなるまで混ぜ、粉糖、塩を加えてさらに混ぜる。
2 1に卵白とバニラエッセンスを加えて混ぜる。
3 薄力粉を加え、ゴムべらでさっくり混ぜる。
4 片目口金（10mm）をつけた絞り袋に3を入れ、かごの形（型紙 ➡p.95）に絞る。
5 4を30分以上、冷凍庫で休ませる。
6 170℃のオーブンで15〜18分焼き、網にのせて粗熱を取る。
7 小さい花のクッキーを作りアイシングで飾る。

〈ココア味〉

材料・作り方 ➡p.16

準備

★ 無塩バターは室温に戻してやわらかくする。
★ 粉糖、薄力粉はそれぞれふるう。
★ オーブンは170℃に予熱する。

> バレンタインデー&ホワイトデー

ランダムな絞り方で、
手作りの温かさが伝わる

キスチョコ風

材料
(バニラ味、ストロベリー味、かぼちゃ味　各20〜25個分)

〈バニラ味〉
無塩バター …… 75g
粉糖 …… 30g
塩 …… ひとつまみ
卵白 …… 大さじ1
バニラエッセンス …… 4〜5滴
薄力粉 …… 90g

トッピング
コーティング用スイートチョコレート …… 適量

準備
★ 無塩バターは室温に戻してやわらかくする。
★ 粉糖、薄力粉はそれぞれふるう。
★ オーブンは170℃に予熱する。

作り方

〈バニラ味〉
1 ボウルに無塩バターを入れ、ホイッパーで白っぽくなるまで混ぜ、粉糖、塩を加えてさらに混ぜる。
2 1に卵白とバニラエッセンスを加えて混ぜる。
3 薄力粉を加え、ゴムべらでさっくり混ぜる。
4 星口金(6切15㎜)をつけた絞り袋に3を入れ、オーブンシートの上に垂直に持ち上げてキスチョコの形に絞る。
5 4を30分以上、冷凍庫で休ませる。
6 170℃のオーブンで15〜20分焼き、網にのせて粗熱を取る。
7 湯せんで溶かしたコーティング用スイートチョコレートに、クッキーの下の部分をつけ、逆さにして網の上にのせ、冷やす。

〈ストロベリー味〉
材料と作り方 ➡ p.16
※トッピングは、湯せんで溶かしたコーティング用ホワイトチョコレート・スイートチョコレートを使います。

〈かぼちゃ味〉
材料と作り方 ➡ p.82
※トッピングは、湯せんで溶かしたコーティング用スイートチョコレートを使います。

楽しいイベントのクッキー | 81

| ハロウィン |

かぼちゃの風味でほっこり
ガーランドで気分を盛り上げて

かぼちゃ

材料（10個分）

無塩バター …… 75g
粉糖 …… 30g
塩 …… ひとつまみ
卵白 …… 大さじ1
バニラエッセンス …… 4〜5滴
薄力粉 …… 90g
かぼちゃパウダー …… 小さじ2
食用色素（黄）…… 適量
かぼちゃの種 …… 10個

準備

★ 無塩バターは室温に戻してやわらかくする。
★ 粉糖はふるう。薄力粉、かぼちゃパウダーは合わせてふるう。
★ オーブンは170℃に予熱する。

作り方

1 ボウルに無塩バターを入れ、ホイッパーで白っぽくなるまで混ぜ、粉糖、塩を加えてさらに混ぜる。
2 1に卵白とバニラエッセンスを加えて混ぜる。
3 薄力粉、かぼちゃパウダー、食用色素（黄）を加え、ゴムべらでさっくり混ぜる。
4 丸口金（10mm）をつけた絞り袋に3を入れ、かぼちゃの形に絞る。上にかぼちゃの種を刺す。
5 4を30分以上、冷凍庫で休ませる。
6 170℃のオーブンで18〜20分焼き、網にのせて粗熱を取る。

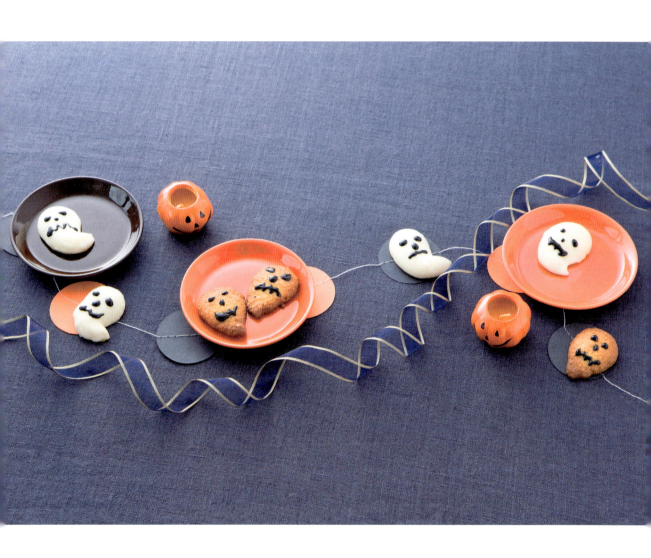

> ハロウィン

ユーモラスなおばけのパーティ
顔の表情を描くのが楽しい！

おばけ

材料（10個分）

無塩バター …… 75g
粉糖 …… 30g
塩 …… ひとつまみ
卵白 …… 大さじ1
バニラエッセンス …… 4～5滴
薄力粉 …… 90g

トッピング
コーティング用ホワイトチョコレート …… 適量

（おばけの目・鼻・口のアイシング）
粉糖 …… 50g
卵白 …… 小さじ1
竹炭パウダー …… 適量

※上記の材料をよく混ぜて、コルネに詰めます。

※アイシングの作り方
　小さいボウルに粉糖を入れ、卵白を糊のようになるまで加減を見ながら加えて混ぜ、竹炭パウダーを加えて混ぜます。

準備

★ 無塩バターは室温に戻してやわらかくする。
★ 粉糖、薄力粉はそれぞれふるう。
★ オーブンは170℃に予熱する。

作り方

1 ボウルに無塩バターを入れ、ホイッパーで白っぽくなるまで混ぜ、粉糖、塩を加えてさらに混ぜる。
2 1に卵白とバニラエッセンスを加えて混ぜる。
3 薄力粉を加え、ゴムべらでさっくり混ぜる。
4 丸口金（12㎜）をつけた絞り袋に3を入れ、オーブンシートの上におばけの形（先端が細くなるように）に絞る。
5 4を30分以上、冷凍庫で休ませる。
6 170℃のオーブンで12～15分焼き、網にのせ粗熱を取る。
7 クッキーの半数には、湯せんで溶かしたコーティング用ホワイトチョコレートをかける。すべてのクッキーに、コルネに詰めたアイシングで目・鼻・口を描く。

コルネの作り方

❶ 正方形のオーブンシートを斜めに切り、三角形を作る。角から5cmほど切り落とす。

❷ ❶の三角形の一番長い辺の中央が、コルネの絞り口になるように、左に向かって巻く。

❸ 巻き終わったら、側面の1カ所をセロハンテープで止める。

❹ コルネの中にスプーンでアイシングを入れて上部を折り返し、コルネの先端をハサミで切って使う。

> クリスマス

小さい花をちらして、
子どもも喜ぶホーリーナイト

かわいいツリー

材料（4個分）

無塩バター …… 75g
粉糖 …… 30g
塩 …… ひとつまみ
卵白 …… 大さじ1
バニラエッセンス …… 4〜5滴
薄力粉 …… 90g
抹茶 …… 小さじ1/2

トッピング

アイシング …… 適量
小さい花のクッキー（➡p.52）…… 適量

※星口金（14切12㎜）も使っています。

アラザン（シルバー）…… 適量

※アイシングの作り方
　小さいボウルに粉糖（50g）を入れ、卵白（小さじ1〜2）を糊のようになるまで加減を見ながら加えて混ぜます。

準備

★ 無塩バターは室温に戻してやわらかくする。
★ 粉糖はふるう。薄力粉、抹茶は合わせてふるう。
★ オーブンは170℃に予熱する。

作り方

1 ボウルに無塩バターを入れ、ホイッパーで白っぽくなるまで混ぜ、粉糖、塩を加えてさらに混ぜる。
2 1に卵白とバニラエッセンスを加えて混ぜる。
3 薄力粉、抹茶を加え、ゴムべらでさっくり混ぜる。
4 星口金（6切15㎜）をつけた絞り袋に3を入れ、1〜1.5㎝長さに横1列に3つ、その上に2つ、その上に1つ絞る。
5 4を30分以上、冷凍庫で休ませる。
6 170℃のオーブンで18〜20分焼き、網にのせて粗熱を取る。
7 クッキーにアイシングで、小さい花のクッキーとアラザンをのせる。

> クリスマス

大小のクッキーを重ねて立体に
食べずに、飾っておきたい

立体のツリー

材料
(大きいツリー［高さ3～4cm］4個分、
あるいは小さいツリー［高さ2～3cm］6個分)

大きいツリー〈バニラ味〉
無塩バター …… 75g
粉糖 …… 30g
塩 …… ひとつまみ
卵白 …… 大さじ1
バニラエッセンス …… 4～5滴
薄力粉 …… 90g

トッピング
アイシング …… 適量
トッピングシュガー
　(オレンジ色・星形) …… 適量
粉糖 …… 適量

※アイシングの作り方
　小さいボウルに粉糖(50g)を入れ、卵白(小さじ1～2)を糊のようになるまで加減を見ながら加えて混ぜます。

準備
★ 無塩バターは室温に戻してやわらかくする。
★ 粉糖、薄力粉はそれぞれふるう。
★ オーブンは170℃に予熱する。

作り方

大きいツリー〈バニラ味〉
1 ボウルに無塩バターを入れ、ホイッパーで白っぽくなるまで混ぜ、粉糖、塩を加えてさらに混ぜる。
2 1に卵白とバニラエッセンスを加えて混ぜる。
3 薄力粉を加え、ゴムべらでさっくり混ぜる。
4 星口金(6切12mm)をつけた絞り袋に3を入れ、オーブンシートの上に大・中・小の大きさに丸く絞る。
5 2を30分以上、冷凍庫で休ませる。
6 170℃のオーブンで18～20分焼き、網にのせて粗熱を取る。
7 クッキーをツリーになるように重ね、アイシングで星形のトッピングシュガーをツリーの先端にのせ、粉糖をふる。

小さいツリー〈抹茶味〉
材料・作り方 ➡ p.16

※トッピングは、アイシングでツリーの先端にゴールド・金平糖形のアラザンをのせます。

楽しいイベントのクッキー | 89

クリスマス

森のかわいいクマちゃん、
魔法のステッキを持って、どこへ行くの？

クマちゃん＆ステッキ

材料

クマちゃん（バニラ味、ココア味　各4個分）
〈バニラ味〉
無塩バター …… 75g
粉糖 …… 30g
塩 …… ひとつまみ
卵白 …… 大さじ1
バニラエッセンス …… 4～5滴
薄力粉 …… 90g

トッピング
アイシング …… 適量
小さい花のクッキー（⇒p.52）…… 適量
※小さい花（赤）は、食用色素（赤）を使っています。

コーティング用スイートチョコレート …… 適量
コーティング用ホワイトチョコレート …… 適量

※アイシングの作り方
　小さいボウルに粉糖（50g）を入れ、卵白（小さじ1～2）を糊のようになるまで加減を見ながら加えて混ぜます。

ステッキ（8本分）
バニラ味の材料 …… クマちゃんと同じ

トッピング
アイシング …… 適量
フルーツミックスゼリー …… 適量
リボン …… 適量

準備

★ 無塩バターは室温に戻してやわらかくする。
★ 粉糖、薄力粉はそれぞれふるう。
★ オーブンは170℃に予熱する。

作り方

クマちゃん〈バニラ味〉
1　ボウルに無塩バターを入れ、ホイッパーで白っぽくなるまで混ぜ、粉糖、塩を加えてさらに混ぜる。
2　1に卵白とバニラエッセンスを加えて混ぜる。
3　薄力粉を加え、ゴムべらでさっくり混ぜる。
4　丸口金（10mm）をつけた絞り袋に3を入れ、渦巻き状に外側から絞る。耳を2つ小さな渦巻き状に絞る。
5　2を30分以上、冷凍庫で休ませる。
6　170℃のオーブンで18～20分焼き、網にのせて粗熱を取る。
7　湯せんで溶かしたコーティング用スイートチョコレートを、鼻と口のまわりにスプーンでのせる。コーティング用スイートチョコレート・ホワイトチョコレートを、それぞれコルネ（⇒p.85）に入れ、目、鼻、口を描く。アイシングで小さい花のクッキーを耳にのせる。

クマちゃん〈ココア味〉
材料・作り方 ⇒p.16
※トッピングは、湯せんで溶かしたコーティング用ホワイトチョコレート・スイートチョコレートを使います。

ステッキ
1～3　クマちゃん〈バニラ味〉と同じ
4　星口金（6切10mm）をつけた絞り袋に3を入れ、ステッキの形（型紙 ⇒p.95）に絞る。
5　4を30分以上、冷凍庫で休ませる。
6　170℃のオーブンで、18～20分焼き、網にのせて粗熱を取る。
7　クッキーにアイシングでフルーツミックスゼリーをのせ、リボンを結ぶ。

> クリスマス

バニラとココアの2色のリース
お好みのトッピングで楽しんで

クリスマスリース

🌀 材料 （バニラ味、ココア味　各7個分）

〈バニラ味〉

無塩バター …… 75g
粉糖 …… 30g
塩 …… ひとつまみ
卵白 …… 大さじ1
バニラエッセンス …… 4～5滴
薄力粉 …… 90g

トッピング

アイシング …… 適量
ドライフルーツ …… 適量
ピスタチオ …… 適量　など

※アイシングの作り方
　小さいボウルに粉糖（50g）を入れ、卵白（小さじ1～2）を糊のようになるまで加減を見ながら加えて混ぜます。

🌀 準備

★ 無塩バターは室温に戻してやわらかくする。
★ 粉糖、薄力粉はそれぞれふるう。
★ オーブンは170℃に予熱する。

🌀 作り方

〈バニラ味〉

1 ボウルに無塩バターを入れ、ホイッパーで白っぽくなるまで混ぜ、粉糖、塩を加えてさらに混ぜる。
2 1に卵白とバニラエッセンスを加えて混ぜる。
3 薄力粉を加え、ゴムべらでさっくり混ぜる。
4 星口金（6切15㎜）をつけた絞り袋に3を入れ、オーブンシートの上に輪に絞る。
5 4を30分以上、冷凍庫で休ませる。
6 170℃のオーブンで18～20分焼き、網にのせて粗熱を取る。
7 クッキーに、アイシングでドライフルーツ、ピスタチオをのせる。

〈ココア味〉

材料・作り方 ➡ p.16

※トッピングは、アイシングでお好みのナッツとかぼちゃの種をのせます。

生地を絞るときの型紙

必要な型紙をコピーするか、別の紙に写してください。
それを、オーブンシートの下に敷き、
なぞるように生地を絞ると、きれいにできます。

p.28 馬蹄形　　　p.44 プレッツェル風　　　p.56 ガーベラ

p.30 数字＆アルファベット

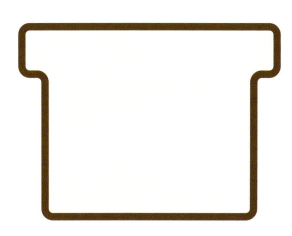

p.78 花かご

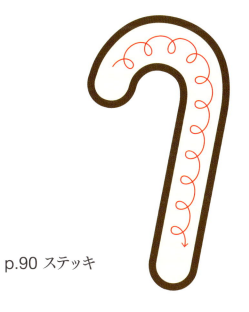

p.90 ステッキ

花かごの絞る手順

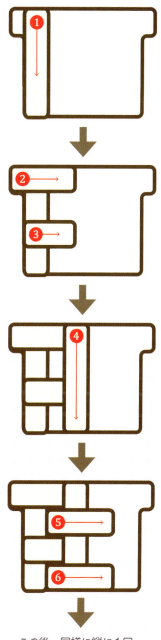

この後、同様に縦に1回、横に2回絞れば完成です。

信太康代 (しだ やすよ)

洋菓子・料理研究家
生来のお菓子好きがこうじて、スイスのリッチモンド製菓学校、フランス・パリのエコール・ルノートルで本格的なお菓子作りを学ぶ。現在、自宅でサロン形式のお菓子＆料理教室を主宰。簡単でおいしい料理と、本格的なデザートを紹介するメニュー構成が、多くの生徒から支持を得ている。NHKテレビ「きょうの料理」をはじめ、雑誌、カルチャースクールなどでも活躍中。『いも・くり・かぼちゃのスイーツ』（ブティック社）、『キューブスイーツ』（日東書院本社）など、著書多数。
ホームページ http://www.igrek-shida.com/

調理アシスタント　金子愛美、杉山奈津子、三池佳織

スタッフ
デザイン　　大悟法淳一、武田理沙、神山章乃（ごぼうデザイン事務所）
撮影　　　　石田健一
スタイリング　カナヤマヒロミ
イラスト　　すみもとななみ
編集　　　　雨宮敦子（Take One）

材料提供
TOMIZ（富澤商店）
正栄食品工業

器協力
AWABEES
UTUWA

簡単なのに、こんなにかわいい
魔法の絞り出しクッキー

2019年1月21日　発　行　　　　　　　　　　　　　　　NDC596

著　者　　信太康代
発行者　　小川雄一
発行所　　株式会社 誠文堂新光社
　　　　　〒113-0033　東京都文京区本郷3-3-11
　　　　　（編集）電話03-5805-7285
　　　　　（販売）電話03-5800-5780
　　　　　http://www.seibundo-shinkosha.net/
印刷・製本　図書印刷 株式会社

© 2019,Yasuyo Shida.　　Printed in Japan　　　検印省略　禁・無断転載

落丁・乱丁本はお取り替え致します。

本書に掲載された記事の著作権は著者に帰属します。
これらを無断で使用し、展示・販売・レンタル・講習会等を行うことを禁じます。

本書のコピー、スキャン、デジタル化等の無断複製は、著作権法上での例外を除き、禁じられています。
本書を代行業者等の第三者に依頼してスキャンやデジタル化することは、たとえ個人や家庭内での利用であっても著作権法上認められません。

[JCOPY] 〈（一社）出版者著作権管理機構 委託出版物〉
本書を無断で複製複写（コピー）することは、著作権法上での例外を除き、禁じられています。本書をコピーされる場合は、そのつど事前に、（一社）出版者著作権管理機構（電話 03-5244-5088／FAX 03-5244-5089／e-mail:info@jcopy.or.jp）の許諾を得てください。

ISBN978-4-416-61908-7